COMITÉ DE PROTECTION ET DE DÉFENSE

DES

INDIGÈNES

LA SITUATION des INDIGÈNES AUX COMORES

Prix : **0 fr. 50** centimes

PARIS
SOCIÉTÉ NOUVELLE DE LIBRAIRIE ET D'ÉDITION
17, RUE CUJAS, 17, (V^e)

1904

LA SITUATION DES INDIGÈNES

AUX COMORES

COMITÉ DE PROTECTION ET DE DÉFENSE

DES

INDIGÈNES

LA SITUATION des INDIGÈNES AUX COMORES

PARIS
SOCIÉTÉ NOUVELLE DE LIBRAIRIE ET D'ÉDITION
17, RUE CUJAS, 17, (Ve)

1904

LA SITUATION DES INDIGÈNES

AUX COMORES

AVERTISSEMENT

HISTORIQUE DU PROTECTORAT FRANÇAIS AUX COMORES

Le groupe des Comores comprend quatre grandes îles : la Grande Comore, appelée aussi Angaziga, Mohéli, Anjouan et Mayotte.

La France possède Mayotte depuis 1841, elle protège les autres Comores depuis 1886 et 1887.

L'exposé qui va suivre ne concerne que les trois Comores *protégées*.

Une *Notice sur Mayotte et les Comores* (1), notice officielle ou quasi-officielle, publiée à l'occasion de l'Exposition Universelle de 1900, nous servira de guide pour retracer sommairement l'historique du protectorat français dans ces îles. Nous ajouterons seulement quelques renseignements empruntés aux documents officiels (2).

1. Grande Comore

Le sultan de la Grande Comore, Saïd-Ali, avait à peine, en 1881, reconquis le trône de son grand-père

(1) Par Emile Vienne, rédacteur au Ministère des Colonies, commissaire du Gouvernement de Mayotte et des Comores à l'Exposition Universelle de 1900, Paris, 1900. Cette notice contient de douloureux renseignements sur la persistance de l'esclavage aux Comores. V. *infra*, chap. II. La main-d'œuvre aux Comores.

(2) Nous voulons parler des traités de protectorat, documents officiels que nous sommes réduits, il est vrai, à consulter dans une publication non officielle : *La bibliothèque coloniale internationale. Le régime des protectorats*. T. II.

Achmet qu'il se trouvait de nouveau aux prises avec son compétiteur Moussa-Foumou. Ce dernier, soutenu par le sultan de Zanzibar, recherchait aussi l'appui de l'Angleterre ; il était dès lors naturel que Saïd-Ali sollicitât l'alliance d'une puissance européenne. Il avait connu la France durant ses années d'exil à Mayotte. Ce fut donc à la France qu'il s'adressa. L'attention du gouvernement français était à cette époque appelée d'un autre côté, les propositions de Saïd-Ali furent écartées.

Un Français, M. Humblot, avait été à l'époque chargé d'une mission scientifique aux Comores. Apprenant que Saïd-Ali, éconduit par la France, était sur le point d'accepter le protectorat de l'Allemagne, M. Humblot en informa le gouvernement français. Celui-ci, sans revenir sur son premier refus, engagea son correspondant à agir pour son propre compte.

Le 5 novembre 1885, M. Humblot signait donc avec Saïd-Ali un traité par lequel le sultan s'engageait à n'accepter aucun protectorat étranger sans le consentement de la France. Les autres articles du traité constituaient une convention commerciale entre les parties contractantes (1). Mais l'ingérence d'un étranger dans les affaires de l'île provoqua une nouvelle révolte : la situation de Saïd-Ali devenait critique, lorsque M. Gerville-Réache, gouverneur de Mayotte, arriva sur le « La Bourdonnais » et signa avec le sultan le traité du 6 janvier 1886.

(1) Ce traité, croyons-nous, n'a pas été publié, ce qui est regrettable ; ce traité, où figurait au nom de la France un simple particulier sans pouvoirs réguliers, a dû exercer une réelle influence sur toutes les conventions qui ont suivi, notamment en ce qui concerne la persistance de l'esclavage et le régime du travail aux Comores.

Il arrive malheureusement trop souvent qu'en matière coloniale la vérité ne parvienne à la mère-patrie que par très petites parcelles, l'administration à tous ses degrés redoutant un système de publicité complète et absolue.

Par ce traité, Saïd-Ali donnait à la France une situation prépondérante dans l'île; il s'engageait à ne traiter sans son assentiment avec aucune autre puissance, et de plus la chargeait de régler sa succession au trône en cas de mort violente.

De son côté, la France lui prêtait un concours qui lui permit de triompher de ses adversaires et de faire reconnaître son autorité sur toute l'île.

Entre temps M. Humblot avait constitué en France une société pour l'exploitation des Comores; à son retour dans l'île, il y trouvait un résident français avec lequel quelques difficultés s'élevèrent. Un peu plus tard, à la suite de divers incidents, M. Humblot se vit lui-même investi des fonctions de résident (novembre 1889). Il cumula dès lors ces fonctions (sans traitement) avec les fonctions de directeur de la Compagnie des Comores.

Saïd-Ali, considérant M. Humblot comme le premier artisan de son alliance avec la France, lui témoignait une grande confiance.

Les mécontents accusèrent Saïd-Ali d'avoir asservi l'île à la France, ravagèrent les propriétés de M. Humblot, et menacèrent le sultan, qui, craignant pour sa vie, se réfugia à Mayotte sous un déguisement (mars 1891).

M. Humblot profita de cette occasion pour réorganiser l'administration et gouverna au nom du sultan, avec le concours du conseil des Cadis.

Rentré dans l'île, Saïd-Ali sanctionna les réformes par le traité du 5 janvier 1892 qui rendait le protectorat plus effectif, supprimait les cinq sultanats particuliers et contenait, entre autres clauses, les stipulations suivantes :

Art. 1er. — Les fonctions de ministre, ainsi que le Kabar des ministres comme conseil de gouvernement, sont et demeurent supprimés. Le sultan ne recevra désormais de conseils que du résident de France.

Art. 3. — Chacun des actes du sultan devra être contresigné par le résident de France, qui sera chargé d'en assurer l'exécution.

Art. 4. — Le résident de France aura sous ses ordres le personnel de la police. Aucune force publique ne pourra se recruter, s'organiser, ni se mouvoir que par les ordres du résident.

Art. 7 et 8. — Création d'un tribunal mixte.

Art. 9. — A compter du 1er janvier 1892, toutes les dépenses du service du Protectorat français à la Grande Comore seront supportées par le budget du sultanat.

Art. 10. — Tous les revenus publics du royaume seront versés à la caisse d'un comptable nommé par le gouvernement français. Ce comptable sera chargé de la perception des impôts, taxes et revenus, ainsi que du payement des dépenses.

Art. 12. — Le résident de France aura la liquidation, l'ordonnancement et le mandatement de toutes les dépenses du sultanat. Il devra se conformer aux règles de la comptabilité publique française (1).

Ce traité de protectorat équivalait, comme on le voit, à une dépossession.

(1) Une particularité du document que nous venons de reproduire en partie nous a frappés dans la seule édition que nous en connaissions. Les traités de 1885 avec M. Humblot et de 1886 avec M. Gerville-Réache, commandant de Mayotte, représentant du gouvernement de la République, sont signés, le premier : L. Humblot et Saïd-Ali Ben Saïd Omar, sultan de la Grande Comore, le second : Gerville-Réache, commandant de Mayotte et Saïd-Ali Ben Saïd Omar, sultan de la grande Comore, tandis que celui de 1892, passé, d'après le préambule, entre sa hautesse Saïd-Ali, sultan de la grande Comore, et M. Clovis Papinaud, chevalier de la Légion d'honneur, officier de l'Instruction publique, gouverneur de Mayotte, représentant du Protectorat français aux Comores, est imprimé avec la simple signature : Papinaud.

Le paragraphe final est ainsi conçu :

— Fait en rade de Moroni, à bord de « l'Eure », le 6 janvier 1892, en trois originaux, français et sahouéli, qui ont été revêtus du sceau et du contreseing des parties contractantes, après lecture faite des deux textes, et en présence de MM. Valat, capitaine de frégate, commandant « l'Eure »; Humblot, résident de France à la Grande Comore; prince Saïd Hassan, dit Saïdina Ben Sultan Saïd Omar, frère du sultan; Mornet, lieutenant de vaisseau, officier en second de « l'Eure ». et Castaing, chef du secrétariat du gouvernement de Mayotte. (*V. Bibliothèque coloniale internationale. Le régime des protectorats*, T. II, p. 370).

Il est probable qu'on nous a donné ici la reproduction non pas de l'original comme pour les autres traités relatifs aux Comores, mais bien la reproduction d'une copie par M. Papinaud, copie où on aurait dû mentionner la signature des parties sur l'original : ce qu'on a eu le tort de ne pas faire.

Dès l'année suivante, le sultan était expulsé dans des conditions si extraordinaires que le Comité, dans une de ses lettres au Ministre des Colonies, n'a pas hésité à qualifier la mesure prise contre Saïd-Ali de « mesure injustifiable et contraire au droit des gens ». On trouvera ci-après, au chap. III, les documents relatifs à l'affaire de Saïd-Ali.

2. *Anjouan*

Le petit volume semi-officiel déjà utilisé pour l'historique de la Grande Comore nous apprend que M. Gerville-Réache étant venu en 1886 au nom du gouvernement français faire des offres au sultan d'Anjouan, Abdallah, celui-ci « fut heureux de se placer sous la protection de la France ». Par le traité du 21 avril 1886, signé en présence du croiseur français « Le Chacal » et de la canonnière américaine « Lancaster », le sultan Abdallah plaçait l'île d'Anjouan sous le protectorat de la France. Nous relevons dans le traité cette clause :

Art. 13. — Le sultan s'engage à prendre les dispositions nécessaires en vue de l'abolition de l'esclavage dans ses Etats.

Des contestations et difficultés graves suivirent la signature de ce traité. Le sultan refusa notre résident (1). Le commandant Dorlodot des Essarts vint mouiller devant Anjouan avec plusieurs vaisseaux et débarqua quatre compagnies d'infanterie.

« Devant ce déploiement de troupes, poursuit le récit semi-officiel que nous prenons pour guide, Abdallah céda, accepta le résident français et signa

(1) Le traité, dont la rédaction était manifestement insuffisante, ne contenait au sujet de la résidence aucune indication.

le traité du 26 mars 1887, qui complétait le traité du 21 avril 1886. Ce traité fut lui-même bientôt remplacé par une autre convention bien plus favorable pour nous, que le sultan signa librement le 15 Octobre 1887. »

Abdallah mourut en 1891. La guerre éclata entre son frére et son fils Salim auquel, par le premier traité de 1886, nous avions assuré la succession au trône. Le résident français dut quitter Anjouan. Trois compagnies d'infanterie rétablirent l'ordre. Les deux compétiteurs, « déclarés déchus de leurs droits au trône, furent embarqués pour Mayotte, et M. Papinaud éleva à la dignité de sultan d'Ajouan le prince Saïd-Omar ».

Le nouveau sultan « s'empressa », assure notre récit d'abolir complètement l'esclavage, sans réserves ni restrictions (Décret du 15 mai 1891). (1).

Un nouveau traité de protectorat fut conclu le 8 janvier 1892 entre le sultan Saïd-Omar et le gouvernement de la République française. Ce traité ressemble beaucoup à celui qui fut passé la même année avec le sultan de la Grande Comore. L'art. 3, notamment, est identique à l'art. 4 de ce dernier. Le lecteur n'en a pas oublié la teneur :

« Le résident de France aura sous ses ordres le personnel de la police. Aucune force publique ne

(1) *Notice sur Mayotte et les Comores*, page 158. — Nous craignons que cette abolition soit plus fictive que réelle. Et voici pourquoi. Le Comité, ayant relevé dans la notice même que nous utilisons des renseignements sur la situation des « engagés » à la Grande Comore et à Mohéli, dut, en janvier 1902, signaler au Ministre des Colonies que la notice publiée sous son patronage mettait en relief l'*état véritable d'esclavage* imposé aux indigènes (voir ci-après, chap. II). Or la même notice ajoute (page 192): « A Anjouan les engagés sont traités à peu près de la même façon qu'à la Grande Comore et il n'y a guère de différence que sous le rapport des salaires, qui sont moins élevés à Anjouan. »

Ajoutons qu'une convention du 9 janvier 1894 a accordé pour vingt ans à deux colons de l'île, moyennant 600 roupies de redevance annuelle, le monopole de la fabrication du rhum (p. 168). Le texte de cette convention jetterait problablement quelque lumière sur les conditions et les prix de la main-d'œuvre.

pourra se recruter, s'organiser, ni se mouvoir que par les ordres du résident ». (1)

Il ne paraît pas que les habitants de l'île d'Anjouan aient retiré promptement un bénéfice appréciable de la stipulation qui mettait la police sous les ordres du résident de France. Voici en effet les crimes qui se perpétrèrent à Anjouan à la fin de cette même année 1892, dans une propriété administrée par le résident de France à Mayotte.

Vers la fin de l'année 1892, les nommés Magny, Mougel, Vial et Mohamed Allaivé, employés de la propriété de Bambao dans l'île d'Anjouan, administrée par le résident de France à Mayotte, avaient arrêté un certain nombre d'individus, tous nés sur la côte d'Afrique, qu'on accusait d'avoir exhumé des cadavres pour les manger. Sans même s'assurer de la violation de la sépulture, reconnue plus tard inexacte par le résident, ils s'improvisèrent juges des malheureux qu'ils accusaient et, malgré leurs plus énergiques dénégations, les rouèrent de coups : plusieurs moururent (2).

L'affaire, en raison d'une difficulté de compétence, a eu un certain retentissement dans le monde judiciaire et est venue jusqu'en cassation.

Avant de quitter Anjouan, nous relèverons encore l'article 6 du traité du 8 janvier 1892.

« Les revenus publics du royaume, ainsi que ceux provenant du domaine privé du sultan, seront versés à la caisse d'un fonctionnaire nommé par le gouvernement français. Ce comptable sera chargé de la perception des impôts, taxes et revenus, ainsi que du payement des dépenses ».

Le vieux sultan n'a pas joui longtemps des avan-

(1) *Bibl. colon. intern. Le régime des protectorats*, T. II, p. 371.

(2) *La Tribune des colonies et des protectorats, 1894*, pp. 10 et 11.

tages que lui assurait la perception des revenus de son domaine privé par les soins d'un fonctionnaire nommé par le gouvernement français, car il mourut le 16 avril suivant.

« Après une courte hésitation, la France renonça à annexer Anjouan et l'on appela au trône le prince Saïd-Mohamed, fils aîné du défunt sultan. »

« Le pouvoir du sultan n'existe plus : il vit avec ses femmes, laisse l'administration au résident. » (1)

3. *Mohély.*

En 1886, deux rivaux se disputaient le sultanat de Mohély. M. Gerville-Réache, gouverneur de Mayotte, s'interposa entre les compétiteurs, « sur les « propositions du Conseil des Ministres, donna le « trône au prince Marjani (2) et signa deux traités plaçant Mohély sous le protectorat de la France (26 avril 1886 et 2 décembre 1886). (3)

En 1888, le gouverneur de Mayotte, M. Papinaud, constatant l'impopularité de Marjani..., « se décida « à retirer le pouvoir souverain des mains de ce « sultan. » Une princesse mineure fut mise sur le trône et la régence confiée à son frère. La notice ajoute : « La tranquillité ne cessa dès lors de règner dans l'île, et elle fut encore affermie par l'internement à Obock de l'ex-sultan Marjani, à la suite d'un voyage qu'il avait fait à Paris pour réclamer le trône de Mohély. » (1890). (4)

Les faits monstrueux qui se sont accomplis en 1899, à Mohély et que le Comité a dû signaler au

(1) *Notice sur Mayotte et les Comores*, pp. 158, 164.

(2) *Notice*, p. 181.

(3) *Le Régime des Protectorats*, t. II, pp. 362 à 364.

(4) *Notice*, p. 182.

Ministre (V. ci-après, chap. I), ne nous permettent pas de partager cet optimisme : l'état social de Mohély nous apparaît, au contraire, sous le jour le plus sombre.

Après ce court préambule, nous entrons en matière, ou, plus simplement, nous transcrivons la correspondance que le Comité a échangée avec le Ministère des colonies au sujet des Comores.

CHAPITRE I.

VINGT-SEPT NÈGRES ÉTOUFFÉS PAR LA FAUTE D'UN FONCTIONNAIRE.

Le 19 janvier 1900, le Comité de Protection et de Défense des Indigènes adressait au Ministre des Colonies la lettre suivante :

Monsieur le Ministre,

Peut-être avez-vous été informé d'un nouvel acte criminel qui en janvier dernier se serait accompli aux Comores.

150 travailleurs au service du sieur ***, privés de salaire depuis un an, étant venus solliciter l'intervention du chancelier de Mohély, et lui faire connaître qu'ils se disposaient à abandonner le travail si leur engageur continuait à ne pas les payer, loin de rencontrer le moindre appui chez le chancelier, auraient été empilés par lui dans une hutte servant de geôle, tellement exiguë et sans air, que dès la première nuit de l'incarcération, 27 de ces infortunés auraient succombé à l'asphyxie.

Vous vous rappelez, Monsieur le Ministre, qu'il y a quelques années M. Genouille, ancien préfet, gouverneur du Sénégal, fut déféré au tribunal correctionnel et condamné à six mois de prison parce que quatre nègres, commis à la garde d'un d'îlot, avaient été oubliés par le service des ravitaillements et étaient morts d'inanition. Loin de nous la pensée de justifier M. Genouille, encore qu'il semble avoir supporté ici la responsabilité d'un oubli imputable à un subalterne ! Il faut cependant reconnaître que ce gouverneur n'avait été coupable que de négligence et d'omission involontaire sans intention criminelle.

L'affaire de Mohély, au contraire, serait non plus de la négligence, mais un acte bien déterminé, tombant évidemment sous le coup de la répression pénale. Nous ne doutons pas, Monsieur le Ministre, que, si vous avez la confirmation de ce fait, vous n'ordonniez des poursuites judiciaires.

Veuillez agréer, Monsieur le Ministre, etc.

Pour le Comité :

G. Auvard, ancien officier; Barbé, ancien conseiller à la cour de Pondichéry; A. Brette; Ch. Gide, professeur à la Faculté de droit; Docteur G. Hervé; Hervé de Saisy, sénateur; A. Leprang; Le Hénaff, avocat à la cour d'appel; Ferdinand Lot; G. Moch, ancien capitaine d'artillerie; Nouët, gouverneur honoraire des Colonies; Abbé Pichot; Contre-admiral Reveillère; L. Sévin-Desplaces; Paul Viollet, membre de l'Institut.

Le Ministre répondait le 7 février à M. Viollet, président du Comité :

Monsieur,

En réponse à votre lettre relative au décès de vingt-sept travailleurs de M. *** dans l'île de Mohély, j'ai l'honneur de vous faire connaître que ces faits m'ayant déjà été signalés, j'ai prescrit à M. le gouverneur de Mayotte et dépendances une enquête très sévère.

Cette enquête me permettra de rechercher les responsabilités et de frapper les coupables, s'il y a lieu.

Recevez, Monsieur, etc.

Le Ministre des Colonies,
Albert Decrais.

Six mois se passèrent. Le Comité, n'entendant plus parler de l'enquête annoncée, s'adressa de nouveau au Ministre, à la date du 2 août.

Monsieur le Ministre,

Nous avons eu, au mois de janvier dernier, le triste devoir de porter à votre connaissance un fait inouï qui venait de se produire à l'île de Mohély : Cent cinquante travailleurs au service du sieur ***, privés de salaire depuis un an, étant venus solliciter l'intervention du chancelier de Mohély, loin de trouver auprès de celui-ci le moindre appui, avaient été empilés par lui dans une hutte tellement exiguë et privée d'air que, dès la première nuit de l'incarcération, vingt-sept de ces infortunés avaient succombé à l'asphyxie.

Vous avez bien voulu, Monsieur le Ministre, à la date du 17 Février, nous faire connaître que ces faits vous ayant déjà été signalés, vous aviez prescrit à M. le gouverneur de Mayotte et dépendances une enquête très sévère. « Cette enquête, ajoutiez-vous, me permettra de rechercher les responsabilités et de frapper les coupables, s'il y a lieu ». Six mois s'étant écoulés depuis que vous avez ordonné cette enquête, nous pensons, Monsieur le Ministre, que vous devez avoir reçu à l'heure actuelle la confirmation officielle des faits criminels que nous vous avons dénoncés et nous vous demandons de faire savoir au monde civilisé que la justice est enfin saisie et que pareils faits ne restent jamais sans répression sur une terre française.

Veuillez agréer, Monsieur le Ministre, etc.

Cette lettre resta sans réponse. Mais le 31 octobre, M. Paul Viollet, président du Comité, était invité à se rendre à la direction des affaires d'Afrique au Ministère des Colonies. Là, il apprenait de la bouche d'un haut fonctionnaire que le chancelier de Mohély avait été déféré à la justice.

Cet avis, communiqué à la presse, parut dans *l'Aurore* du 11 novembre, dans *le Temps* du 12 et dans *l'Eclair* du 16.

Qu'advint-il de l'instruction judiciaire? Le Comité n'en a malheureusement pas été officiellement informé : il croit savoir, d'après des renseignements purement officieux, que le chancelier de Mohély aurait bénéficié d'un non-lieu et qu'un sous-agent, seul retenu, aurait payé de deux mois de prison la mort de vingt-sept hommes.

S'il en est ainsi, on ne saurait trop regretter que la justice ait eu la main si légère.

CHAPITRE II

LA MAIN-D'ŒUVRE AUX COMORES

Le scandale de Mohély et les circonstances qui l'avaient amené décidèrent le Comité à s'occuper des conditions du travail aux Comores. Le Comité découvrit ainsi qu'en dépit de quelques déguisements l'esclavage persistait encore dans ces îles *officiellement* protégées, mais *en fait* directement administrées par la France et les fonctionnaires français. Il écrivit donc le 26 janvier 1902, au Ministre des Colonies la lettre ci-après :

Monsieur le Ministre,

Permettez-nous d'attirer votre attention sur la situation faite aux travailleurs indigènes *anciens esclaves* engagés sur les plantations des Comores.

Il résulte d'un document officiel publié à l'occasion de l'Exposition de 1900 (1) que les salaires sont réglés à la Grande Comore et à Mohéli de la manière suivante :

Durée ordinaire de l'engagement : dix ans.

Engagés libres	Hommes 4 roupies par mois plus la ration. Femmes 2 roupies par mois plus la ration.
Engagés esclaves libérés	Hommes 1 roupie par mois plus la ration. Femmes 1/2 roupie par mois plus la ration.

La roupie vaut environ 1 fr. 75, dix heures de travail par jour.

Les salaires sont moins élevés à Anjouan, ajoute le document que nous citons.

Nous ne renouvellerons par nos protestations contre une pareille durée des engagements qui couvre un état d'esclavage mal déguisé ; nous avons à ce sujet exprimé déjà toute notre pensée dans un mémoire que nous avons eu l'honneur de vous adresser à la date du 23 Mai 1901.

Le point que nous croyons devoir vous signaler aujourd'hui plus particulièrement, Monsieur le Ministre, c'est la disproportion entre le salaire des hommes libres et celui qui est attribué aux anciens esclaves ; l'homme né libre reçoit quatre

(1) *Notice sur Mayotte et les Comores.*

roupies par mois en plus de sa ration, l'homme né esclave n'en reçoit qu'une. Cette disproportion serait peut-être explicable si les indigènes des Comores n'étaient pas des travailleurs employés à l'agriculture ou aux industries agricoles. Mais, dans le cas présent, il est difficile de penser que les anciens esclaves soient moins préparés au travail agricole que les hommes nés libres. C'est même le contraire qu'on serait porté à croire.

Le salaire infime payé aux engagés anciens esclaves des Comores s'explique d'autant moins que la main-d'œuvre est très rare dans les îles voisines : Madagascar et la Réunion.

Le général Galliéni n'a-t-il pas été obligé d'aller recruter des travailleurs jusqu'aux Indes et en Chine ?

A la Réunion ne paye-t-on pas couramment un engagé quinze francs (1) par mois et plus, ration en sus ?

Aussi les planteurs des îles voisines, et notamment ceux de la Réunion, viennent-ils recruter des travailleurs aux Comores; nous en avons la preuve; le document que nous visons en ce moment, tout en parlant d'esclaves libérés, met en relief l'état véritable d'esclavage de ces pauvres gens à peu près aussi clairement que la publication officielle qui nous oblige à vous adresser la présente lettre.

Il est de toute manière impossible de soutenir que les « anciens » esclaves des Comores sont payés à ces prix dérisoires, parce que la main-d'œuvre serait surabondante dans nos possessions africaines.

Dans ces conditions, nous sommes réduits à penser qu'on abuse des « anciens » esclaves pour leur arracher ce qu'on appelle des engagements, engagements de dix ans, dont les conditions sont vraiment inhumaines.

Ce régime a pour base un traité entre le sultan (2) des Comores qui ne gouverne plus et un colon, habitant des Comores.

L'administration française qui a pris la place du sultan ne saurait tolérer un pareil état de choses.

Nous venons donc avec confiance, Monsieur le Ministre, vous demander d'intervenir pour faire cesser l'exploitation dont les « anciens » esclaves des Comores sont les victimes.

« Veuillez agréer, Monsieur le Ministre, nos hommages respectueux.

G. Auvard; Barbé, ancien conseiller aux cours d'appel coloniales; Ch. Gide, professeur à la Faculté de Droit; Dr. G. Hervé, professeur à l'Ecole d'Anthropologie; Ch. Kohler, archivisite paléographe; H. Laroche, ancien lieutenant de vaisseau; A. Lefranc; Le Hénaff, avocat à la cour d'appel; E. Lelong, chargé de cours à l'Ecole des Chartes; L. Leroy-Dupré; G. Moch, ancien capitaine d'artillerie; Auguste Molinier; Nouët, gouverneur honoraire des Colonies, Contre-Amiral Réveillère; Antoine Thomas.

(1) Il faut remarquer que les travailleurs de la Réunion reçoivent généralement une gratification de 1 fr. par mois en plus de la ration et du salaire stipulé dans le contrat d'engagement.

(2) Plus exactement : *entre un sultan des Comores* ou *le sultan de la Grande Comore*.

Le 8 Février 1902, le Ministre répondit au président du Comité.

MONSIEUR,

Par lettre du 26 janvier dernier, vous m'avez transmis une protestation du Comité de protection et de défense des indigènes, qui s'élève contre la modicité du salaire attribué aux anciens esclaves libérés de la Grande Comore, par rapport à celui qui est alloué aux engagés nés libres, et contre la durée du contrat imposé aux dits engagés.

J'ai appelé toute l'attention du gouverneur de Mayotte sur les faits que vous m'avez signalés et je ne manquerai pas de vous faire part de la réponse que ce haut fonctionnaire m'adressera.

Recevez, Monsieur, les assurances de ma considération très distinguée.

Le Ministre des Colonies,
Albert DECRAIS.

Les événements les plus graves devaient bientôt justifier l'intervention du Comité auprès de l'Administration des Colonies.

Une révolte éclatait à Mohéli.

A cette nouvelle, le Comité s'empressa de communiquer aux journaux une note dans laquelle, rappelant les véritables causes de l'insurrection, il sollicitait l'indulgence dans la répression.

Cette note du commencement de Mai 1902 était ainsi conçue :

La révolte des Comores et la situation des indigènes

On a pu lire récemment dans tous les journaux l'entrefilet suivant :

« Le courrier *Oxus*, qui vient d'arriver de Madagascar, apporte la nouvelle qu'une grave révolte vient d'éclater à Mohéli (îles Comores). Cette révolte a éclaté à la suite d'une grève dans une grande exploitation sucrière... Au nombre d'une centaine, armés de gourdins et de coutelas, les révoltés ont menacé le résident français.

Les troubles de l'île se prolongent depuis plus d'un mois et vont nécessiter la présence d'un navire de guerre dans la région, la police locale étant insuffisante pour rétablir l'ordre ». (Voir notamment le *Temps* du 16 avril 1902).

Depuis longtemps le Comité de protection et de défense des indigènes a appelé l'attention du Ministre des Colonies sur la situation effroyable qui est faite aux indigènes des Comores. En novembre 1899, le Comité signalait le fait suivant : des indigènes en grand nombre étant venus se plaindre au chancelier de Mohéli, ce fonctionnaire, pour toute réponse, parqua les plaignants dans un étroit réduit ; on retirait le lendemain vingt et quelques cadavres. Tout récemment enfin, le 26 janvier 1902, le Comité intervenait de nouveau auprès du Ministre des Colonies en faveur des travailleurs indigènes de la Grande Comore et de Mohéli, véritables esclaves qui, aux termes d'un document officiel publié en 1900 à l'occasion de l'Exposition, touchent : les hommes 1 roupie par mois (environ 1 fr. 75), les femmes une demi-roupie (ration en sus) et travaillent dix heures par jour. Officiellement, ces gens sont engagés pour dix ans ; de fait, ils sont esclaves, esclaves dans les pires conditions.

A deux reprises, les réponses que le Ministre a adressées au Comité ont suffisamment établi qu'il souhaite vivement faire cesser ce cruel état de choses.

Le Comité exprime aujourd'hui le vœu qu'à l'heure actuelle on n'oublie pas les véritables causes du mal et qu'on songe aux souffrances endurées par ces malheureux « révoltés ».

Pour le Comité :

Gaston Auvard, ancien officier ; Babbé, trésorier du Comité, ancien conseiller aux cours d'appel coloniales ; Ch. Kohler ; Abel Lefranc, Secrétaire du Comité, professeur à l'Ecole des Hautes-Etudes ; E. Lelong ; E. Viollet, avocat à la cour de Paris ; Paul Viollet, membre de l'Institut, président.

Quelques jours plus tard, le président du Comité recevait du Ministre des Colonies la lettre ci-après, dont le dernier paragraphe présente une importance particulière.

Paris, le 26 mai 1902.

Monsieur,

Vous m'aviez, par lettre du 26 janvier 1902, saisi d'une protestation du Comité de défense et de protection des indigènes contre la situation faite aux indigènes de la Grande Comore et de Mohéli, quant à la durée des engagements, à la modicité des salaires et à la disproportion entre ceux alloués aux hommes libres ou aux anciens esclaves.

Je vous ai informé par lettre du 8 février 1902 que j'appelais toute l'attention de M. le gouverneur de Mayotte sur les faits que vous m'aviez signalés.

Ce haut fonctionnaire vient de me faire parvenir sa réponse que je m'empresse de vous communiquer.

M. Pascal affirme qu'en ce qui concerne la durée des engagements, aucun contrat de travail d'une durée supérieure à cinq ans n'a été imposé depuis 1891 à aucun des habitants du Protectorat.

Quant aux salaires, les registres de la résidence permettent de constater qu'ils varient de deux à cinq roupies par mois suivant l'âge, le sexe, et les capacités des travailleurs. L'indemnité accordée par semaine à titre de ration, quand celle-ci n'est pas donnée en nature, est de un quart ou une demi-roupie.

En ce qui concerne les esclaves libérés, il est vrai que, pendant plusieurs années, une retenue a été exercée sur leur salaire pour permettre à la Société de la Grande Comore de recouvrer une partie des avances faites en vue de leur libération, mais les conditions, même pécuniaires, des contrats d'engagement des anciens esclaves étaient absolument les mêmes que celles consenties aux travailleurs libres. Les différences qui existent entre les salaires des indigènes engagés par la Société de la Grande Comore proviennent uniquement, comme je l'ai dit plus haut, de l'âge, du sexe et des aptitudes des travailleurs et non pas de leur situation personnelle avant l'engagement.

Le gouverneur de Mayotte ajoute que la situation des travailleurs est la même à Mohéli qu'à la Grande Comore, avec cette particularité qu'à l'heure actuelle, à la suite d'une grève récente, les indigènes ont rompu, d'un commun accord avec les engagistes, leurs contrats d'engagement et travaillent en qualité de journaliers.

Recevez, Monsieur, les assurances de ma considération très distiguée.

Le Ministre des Colonies,

Albert DECRAIS.

Ainsi, d'après ce dernier paragraphe, il est possible que des noirs travaillent en qualité de journaliers, comme de simples blancs. Le Comité n'avait jamais soutenu ni demandé autre chose; il le rappela dans une lettre du 24 juillet 1902, au nouveau Ministre des Colonies, M. Doumergue.

MONSIEUR LE MINISTRE,

Le Comité de protection et de défense des indigènes s'occupe depuis déjà quelque temps de la situation qui est faite aux travailleurs indigènes de l'archipel des Comores. Dès le 26 janvier 1902, il a appelé l'attention de M. le Ministre Decrais, sur l'exiguité des salaires payés aux engagés en général et subsidiairement sur la disproportion entre les allocations consenties aux hommes libres et à ceux dénommés *anciens esclaves*. Votre honorable prédécesseur a bien voulu nous répondre, le 26 mai dernier, par une lettre d'où il résulte :

1°. — Que depuis 1891 la durée des engagements ne dépasse jamais cinq ans ;

2°. — Que les salaires sont alloués en tenant compte, non de l'origine des travailleurs, mais seulement de leur capacité ;

3°. — Qu'à la suite d'une grève récente dont l'île de Mohéli a été le théâtre, les indigènes y ont rompu d'un commun accord avec les engagistes leurs contrats d'engagement et travaillent actuellement en qualité de journaliers.

Tout en étant très reconnaissant à l'Administration coloniale des renseignements qu'elle a bien voulu lui communiquer, le Comité se croit obligé d'insister pour que la question n'en reste pas là. Il estime que les trois points établis par la dépêche ministérielle du 26 mai lui font un devoir de vous demander respectueusement qu'une lumière complète soit faite sur les conditions du travail aux Comores. Le Comité n'a pas la prétention de tracer le cadre de cette enquête, mais il se permet de rappeler ici les principes qui servent à reconnaître si le travail exécuté par une ou plusieurs personnes est libre, et de demander si ces principes sont appliqués dans la colonie française formée par l'archipel des Comores. Le travail libre est celui qui est accompli volontairement par un homme en vertu d'un contrat écrit ou verbal, qui peut être, sauf indemnité, dénoncé à tout moment par une quelconque des parties contractantes et qui prévoit un salaire librement débattu et payable dans la forme et aux époques stipulées dans le contrat.

A première vue, il est clair que ce genre de travail n'est pas celui qui est utilisé pour les indigènes des Comores ; ces indigènes travaillent en vertu de « contrats d'engagement » dont la durée fixée à dix ans par la Notice du commissaire à l'Exposition de 1900, se trouve ramenée à cinq ans par la dépêche ministérielle du 26 mai dernier.

D'autre part, il est incontestable que l'esclavage a longtemps régné dans l'archipel des Comores et la Notice de 1900 parle encore des engagés *esclaves libérés* par opposition aux engagés libres. Si l'esclavage a pris fin aujourd'hui, et cela devrait être, puisqu'il n'est plus fait nulle part mention d'esclaves, c'est ou qu'il y a eu un affranchissement collectif, comme en 1848 aux Antilles, ou bien des libérations individuelles très nombreuses.

L'affranchissement collectif n'a laissé aucune trace, c'est donc qu'il n'a pas eu lieu, car une mesure de ce genre n'aurait pas manqué d'attirer l'attention du monde civilisé, et il en eût été certainement fait mention aux grandes assises internationales d'août 1900, dans les séances du congrès de sociologie coloniale qui a réuni des philanthropes et des antiesclavagistes de toutes les nations civilisées. Quant aux libérations individuelles, il y en a certainement eu, mais d'après des renseignements parvenus au Comité on n'aurait pas enregistré depuis douze ans plus de cinquante affranchissements, et il existerait encore aujourd'hui environ 3.450 esclaves immatriculés dans les bureaux de l'administration.

Il semble résulter de ce qui précède que l'esclavage existe encore en 1902 aux Comores, mais qu'il a changé de nom et que tous les esclaves sont devenus des « engagés », c'est-à-dire qu'on confond les deux mots dans la pratique.

Et, de fait, l'engagement, tel qu'on le comprend dans l'archipel, diffère très peu de l'esclavage véritable : l'engagement se renouvelle *ipso facto* dès qu'il a pris fin et en réalité il ne prend jamais fin. Si ce n'est pas en théorie l'esclavage, c'est le travail forcé sous le contrôle de l'administration, c'est-à-dire un esclavage déguisé.

En effet, tout esclave qui serait véritablement affranchi ou tout engagé qui serait libre de ne pas renouveler son engagement, cesserait aussitôt de travailler, ne fût-ce que pendant le temps qu'il mettrait à dévorer ses maigres économies. C'est ce qui s'est peut-être passé aux îles Anjouan et Mohéli, où, en raison de l'éloignement du chef-lieu, l'action administrative est moins forte; aussi M. le gouverneur Papinaud a-t-il pris un arrêté spécial à ces îles afin d'y réprimer le « vagabondage », c'est-à-dire, le refus ou l'abandon du travail. La grève qui s'est produite récemment à Mohéli ne paraît être autre chose que le refus des travailleurs de rester engagés, et votre prédécesseur nous apprend que les indigènes y travaillent aujourd'hui comme journaliers, les engagements ayant été rompus du consentement des engagistes eux-mêmes.

Pour le Comité, c'est là précisément qu'est la solution de la question du travail aux Comores, et il n'y en a pas d'autre.

Nous vous prions donc, Monsieur le Ministre, de vouloir bien faire étudier la question de la suppression immédiate du régime, dit improprement des « engagements », aux Comores et de la création dans cette colonie d'une organisation du travail, basée sur le respect de la liberté individuelle des indigènes. L'exemple donné par Mohéli est très remarquable et il est à désirer que l'autorité locale renonce, si elle ne l'a déjà fait, à considérer comme des perturbateurs ou des révoltés des gens qui revendiquent le plus sacré des droits, celui de travailler librement, en échange d'un salaire librement débattu et payé à intervalles réguliers et rapprochés.

Veuillez agréer, etc.

Pour le Comité :

BARBÉ, ancien conseiller aux cours d'appel coloniales; Ch. GIDE, professeur à la Faculté de Droit; Abel LEFRANC, professeur à l'Ecole pratique des Hautes-Etudes; L. NOUËT, gouverneur honoraire des Colonies; Paul VIOLLET, membre de l'Institut.

Réponse du Ministre, en date du 4 Septembre 1902 :

Paris, le 4 septembre 1902.

MONSIEUR LE PRÉSIDENT,

Par une lettre du 24 juillet 1902, se référant à une réponse que vous avait adressée mon prédécesseur à la date du 26 mai dernier au sujet des salaires payés dans l'archipel des Comores, vous me priez « de vouloir bien faire étudier la question de la suppression immédiate du régime, dit improprement des engagements, aux Comores et de lacréation dans ces colonies d'une organisation du travail basée surle respect de la liberté individuelle des indigènes ». Et vous ajoutez « qu'il est à désirer que l'autorité locale renonce, si elle ne l'a déjà fait, à considérer comme des perturbateurs ou des révoltés des gens qui revendiquent le plus sacré des droits, celui de travailler librement, en échange d'un salaire librement débattu et payé à intervalles réguliers ».

Il sera certainement inutile de vous affirmer que mon Département ne peut avoir d'autre but que d'assurer la liberté individuelle de chacun dans les îles Comores comme ailleurs, et je suis pleinement d'accord avec vous pour estimer qu'aucune contrainte ne doit être exercée sur qui que ce soit. L'administration locale a même le devoir d'être la tutrice des indigènes et de veiller au libre exercice de leurs droits lorsque des conflits d'intérêts viennent à surgir.

Les instructions que j'ai données sont formelles à cet égard et ne sauraient prêter à aucune équivoque.

Toutefois, je crois devoir vous faire remarquer qu'aux îles Comores mon action est souvent paralysée par le régime politique sous lequel ces îles sont placées. Elles ne sont pas effet, colonies françaises, ainsi que la Société de protection et de défense des indigènes paraît le croire, si je me reporte aux termes de sa lettre, mais simplement pays de protectorat. Je ne puis donc pas procéder avec la même liberté que si ces îles étaient placées sous mon administration directe, mais je puis vous donner l'assurance que je me préoccupe, en usant de tous les moyens légaux qui sont à ma disposition, de faire disparaître des contrats de travail toutes charges ou tous engagements qui seraient contraires aux règles édictées par notre législation et qui pourraient être considérés comme des atteintes à la liberté individuelle des travailleurs.

Recevez, Monsieur le Président, etc.

Le Ministre des Colonies,
Gaston DOUMERGUE.

Cette lettre prouvait assurément les excellentes dispositions du Ministre des Colonies, mais non que l'esclavage eût réellement disparu aux Comores. Un document significatif devait bientôt établir et l'exactitude des renseignements parvenus au Comité et la justesse de ses incessantes réclamations. Un arrêté du gouverneur de Mayotte et dépendances du 29 février 1904 proclamait enfin l'abolition de l'esclavage à la Grande Comore, esclavage dont le Comité avait toujours affirmé la persistance effective.

Voici d'après la *Politique Coloniale* des 5-6 avril 1904, le texte de cet arrêté et de la proclamation qui l'a précédé :

Habitants de la Grande Comore!

Dans ce pays, où flotte le drapeau de la France, existait encore une sorte d'esclavage que les traditions familiales ne suffisaient pas à justifier.

Après un sérieux examen de la situation, j'ai pensé que l'heure était venue d'imposer un terme à des pratiques qui violent le droit international et les principes des sociétés modernes.

Pour me conformer aux ordres de mon gouvernement et sur la proposition de M. le résident de France, je proclame à la Grande Comore l'émancipation des esclaves.

J'ai été heureux de profiter de la présence à la Grande Comore d'un membre de la Chambre des députés, M. Louis

Brunet, pour accomplir cet acte que j'invite la population à considérer comme une haute récompense de son attachement à la France.

Ceux qui bénéficient de ce nouveau bienfait de la République sauront s'en montrer dignes.

Signé : MARTINEAU.

A la suite de cette proclamation du 24 février 1904, le gouverneur a pris l'arrêté suivant :

RÉPUBLIQUE FRANÇAISE

Liberté, Égalité, Fraternité.

Nous, gouverneur de Mayotte et dépendances :

Vu l'ordonnance organique du 7 septembre 1840, concernant l'organisation administrative du Sénégal, applicable à Mayotte par dépêche ministérielle du 22 juin 1846, maintenue pour la colonie par décret du 14 juillet 1877, ensemble le décret du 9 septembre 1899 ;

Sur le rapport de M. le résident de France à la Grande Comore en date du 24 février 1904.

ARRÊTONS :

Article premier. — L'esclavage est aboli à la Grande Comore.

Art. 2. — Le résident de France est chargé de l'exécution du présent arrêté qui sera enregistré et communiqué partout où besoin sera.

Maroni, le 29 février 1904.

Signé : MARTINEAU.

CHAPITRE III

TRAITEMENT INFLIGÉ A SAÏD-ALI, SULTAN DE LA GRANDE COMORE

Le Ministre des Colonies, on vient de le voir, avait fait remarquer au Comité que l'action de la France se trouvait souvent paralysée par le régime (le protectorat) sous lequel les Comores étaient placées. L'occasion s'offrait donc au Comité de montrer qu'en fait le protectorat n'existait plus, de rappeler comment l'Administration des Colonies l'avait fait disparaître et de protester contre la situation faite au sultan de la Grande Comore, Saïd-Ali.

Le Comité adressa, le 9 février 1903, au Ministre des Colonies, la lettre suivante :

MONSIEUR LE MINISTRE,

Le Comité de protection et de défense des indigènes tient à vous remercier d'avoir répondu, le 4 septembre dernier, à la lettre qu'il vous avait écrite au sujet de la question du travail aux Comores. Dans votre réponse, vous voulez bien nous rappeler que la France possède dans cet archipel un simple protectorat et que, par suite, le Ministre ne peut y procéder avec la même liberté d'action que s'il s'agissait d'une colonie véritable.

Cette observation, si juste, nous fournit l'occasion bien naturelle d'appeler votre bienveillante attention sur le souverain de ces îles. Il s'agit du sultan Saïd-Ali, chevalier de la Légion d'honneur, expulsé de son pays en 1893 et actuellement interné à la Réunion. Depuis cette époque, le sultan Saïd-Ali ne cesse de protester contre la mesure prise à son égard, mais aucune suite n'a été donnée à ses diverses démarches. Le moment ne serait-il pas venu de permettre au souverain des Comores, soit de retourner dans son pays, soit de comparaître devant un tribunal français, afin qu'il puisse répondre à une accusation qui aurait servi de prétexte à son envoi en exil, celle d'avoir voulu faire assassiner un citoyen français, M. ***?

Nous nous garderons bien d'entrer dans le fond de la question et de discuter le plus ou moins de fondement de l'accusation grave qui semble peser sur le sultan Saïd-Ali, sans avoir même été formulée : ce que nous demandons, c'est qu'il soit autorisé à se défendre.

Quoiqu'il arrive, nous pensons que la mesure prise en 1893 est injustifiable et contraire au droit des gens. Quels que soient en matière d'expulsion les droits ou les pouvoirs des gouverneurs de colonies, aucune mesure de ce genre n'a pu être légalement prise contre Saïd-Ali. Son pays natal, dont il a été expulsé, n'étant pas une colonie française, mais un pays de protectorat, aucun texte ne peut être invoqué pour justifier cette expulsion qui a été un acte de pur arbitraire, commis dans des conditions étranges.

Saïd-Ali affirme avoir été invité à dîner, le 21 novembre 1893, à bord du transport de guerre l'*Eure*, par M. Lacassade, gouverneur de Mayotte, avoir été retenu prisonnier à bord, puis envoyé à Diégo-Suarez et de là à la Réunion.

Le sultan Saïd-Ali assure avoir longtemps demandé le protectorat de la France et l'avoir obtenu, il y a quinze ans, mais pouvait-il prévoir alors que cette démarche aurait un jour pour conséquence de le priver de ce droit élémentaire que rien ne peut enlever à un malheureux : celui de défendre son honneur et sa liberté ?

Confiants dans votre haute justice, nous vous prions d'agréer, Monsieur le Ministre, l'assurance de nos sentiments respectueux.

Le Ministre répondit, le 14 février suivant :

MONSIEUR LE PRÉSIDENT,

Par lettre du 9 février courant vous avez, d'accord avec le Comité de protection et de défense des indigènes, appelé mon attention sur les conditions dans lesquelles aurait été décidé l'exil à la Réunion de Saïd-Ali, ex-sultan de la Grande Comore, qui aurait été déporté pour avoir participé indirectement à une tentative d'assassinat, sans que cette participation eût été reconnue par une décision judiciaire.

J'ai l'honneur de vous faire connaître que c'est, en effet, à la suite de la tentative de meurtre perpétrée contre M. Humblot, alors résident de France à la Grande Comore, que Saïd-Ali fut emmené à Mayotte par le gouverneur de cette colonie; mais je me hâte d'ajouter que, si certains témoignages recueillis à l'époque par M. Lacassade, gouver neur de Mayotte, tendaient à incriminer l'ancien sultan, il n'en a pas été fait état par mon Département, et que son exil n'a été considéré que comme une mesure politique s'imposant par suite des troubles dont son maintien sur le trône était la cause ou l'occasion, et dont la tentative d'assassinat ci-dessus rappelée n'était qu'un des épisodes.

La situation de Saïd-Ali elle-même et sa sécurité étaient très précaires, et il a reconnu dans une proclamation adressée aux Comoriens, au moment de son départ, en 1893, que son éloignement était indispensable au rétablissement de l'ordre.

Depuis son départ, Saïd-Ali a demandé à diverses reprises l'autorisation de retourner à la Grande Comore. Le Département n'a pu qu'augmenter le chiffre de sa pension primitive, sans consentir à son retour dans son pays d'origine, tous les gouverneurs de Mayotte et les résidents de la Grande Comore ayant été unanimes à déclarer que notre bienveillance serait le signal de nouveaux troubles.

Néanmoins, je suis disposé, comme par le passé, à rechercher à nouveau tous les adoucissements qui pourraient être apportés à la situation de l'ancien Sultan et qui seraient compatibles avec la sécurité des personnes et des biens à la Grande Comore.

Recevez, Monsieur le Président, l'assurance de ma considération la plus distinguée.

Le Ministre des Colonies,

Gaston Doumergue.

Il ressortait de cette lettre que de la tentative d'assassinat jadis alléguée pour déporter le sultan Saïd-Ali on ne devait faire aucun cas. D'autre part, Saïd-Ali n'était pas un souverain vaincu. C'était le souverain d'un pays de protectorat. Étrange protectorat, il faut l'avouer, qui consistait à interner dans une île loin de sa patrie, ce sultan dont la France avait reconnu le loyalisme en lui décernant la croix de la Légion d'honneur.

Le Comité ne s'est pas cru en droit de publier les deux mémoires dans lesquels Saïd-Ali protestait contre la mesure dont il était l'objet. Des personnalités, plus ou moins officielles, dont il appartient aux tribunaux d'apprécier la responsabilité, y étaient mises en cause.

Mais la lecture de ces documents ne permettait pas au Comité de cesser son intervention. Il adressa, le 5 mai 1903, une nouvelle lettre au Ministre :

MONSIEUR LE MINISTRE,

Nous avons l'honneur de vous accuser réception de la lettre du 14 février 1903, que vous avez bien voulu nous adresser en réponse à celle datée du 9 février, dans laquelle le Comité de protection et de défense des indigènes vous rappelait la situation du sultan Saïd-Ali, chevalier de la Légion d'honneur, souverain de la Grande Comore, actuellement et depuis 1893, arbitrairement détenu dans l'île de la Réunion.

Quelque reconnaissants que nous puissions vous être, Monsieur le Ministre, du bienveillant et courtois empressement avec lequel vous avez pris la peine de nous indiquer les motifs de la détention de Saïd-Ali, vous estimerez que notre Comité, dont vous connaissez les principes et le but, ne peut considérer qu'une mesure politique, conséquence vraisemblablement d'une appréciation individuelle, suffise à justifier en droit et en équité l'internement prolongé et sans terme défini du sultan, internement dont le caractère arbitraire a été encore aggravé, s'il est possible, par le procédé employé pour s'emparer de lui et que nous vous avons signalé.

Aussi bien, le Comité de protection et de défense des indigènes n'a-t-il et ne continue-t-il à demander pour le souverain dépossédé et interné, que la faculté, qui lui a toujours été refusée, et le droit qui, lui, est imprescriptible, de comparaître devant une juridiction régulière qui connaîtrait des griefs qui lui sont imputés et aurait seule qualité pour édicter, s'il y avait lieu, une peine.

Veuillez agréer, Monsieur le Ministre, etc.

Voilà donc comment fonctionne aux Comores le protectorat de la France ! La déportation du souverain rend l'administration française maîtresse effective de pays.

Une conclusion paraît s'imposer :

Si la présence de Saïd-Ali dans son sultanat donne seulement lieu à des compétitions et provoque des troubles, la France se doit à elle-même de soutenir l'autorité de celui qui l'a appelée sur son territoire. Si, au contraire, ce sultan a démérité, il faut porter au trône son successeur légitime.

C'est à Saïd-Ali ou à son successeur éventuel de de régner sur l'île et non au résident de France, sinon n'aura-t-on pas le droit d'affirmer que la Grande Comore est bien colonie française et de s'en prendre à l'administration coloniale si désormais le régime du travail libre n'est pas effectivement assuré dans l'île?

TABLE DES MATIÈRES

www.ingramcontent.com/pod-product-compliance
Ingram Content Group UK Ltd.
Pitfield, Milton Keynes, MK11 3LW, UK
UKHW021037220726
13924UKWH00001B/371